山崎朋子

Original Songs Vol.2

同声編

教育芸術社

「奇跡　軌跡」

想《おも》いをつづって書いた歌詞，曲を本当にたくさんの方が歌ってくれています。幸せ，とか，うれしい，とかの言葉では表せないほどの想いがあります。

『あなたに会えて…』の歌詞にある「奇跡のように」たくさんの方と出会い，行ったことのない場所で歌ってくれている生徒さんたちや先生方に出会いました。

出会いは本当に奇跡です。

歌を，音楽を通して，たくさんの人とつながっていく。学校で授業をしていても，その授業の中で一人一人の生徒とつながっていく。そして何年もの月日が過ぎて，その出会いは全部宝物になる。私の人生の軌跡になっている。私のいちばん大切にしていることは「正直な気持ちを表すこと」。人と会話するときも，歌詞を書くときも，正直に。誰に対しても何に対しても正直に。

そんな気持ちの中で，出会いの中で，生まれてきた曲を載せて同声版も２巻目を発行することができたことを心からうれしく思っております。

未来を創る子どもたちがこの同声版を歌ってくれること，そして教育芸術社の皆様，関わってくださったすべての方に感謝します。

山崎朋子

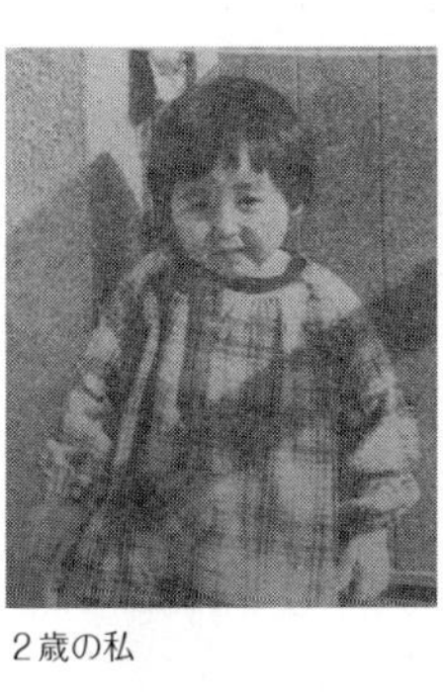

２歳の私

「私のイメージ」と
由さん（卒業生）が書いてくれました

Contents 同声編 Vol.2

人との出会いから始まりきらきらな日々

命

別れ・出会い

詩の想い

金沢 智恵子

「あなたに会えて」

奇跡のように 生まれてきた私
奇跡のように 生まれてきたあなた

はるか時を越えて 巡り来る地球
歩いてきた道の途中 たくさんの出会いの中で

あなたが教えてくれた あたたかな優しい気持ち
あなたに会えてよかった だから今の私がいる

弱いわたしに いつも共に話す声
大丈夫 という声 心の中に響いてる

あなたが教えてくれた 勇気を出すこと
あなたに会えてよかった だから今の私がいる

一生懸命生きる どんなにつらい時だって
あなたが教えてくれた 勇気持つ素晴らしさ
勇気を持って生きていくと……

小嶋朋子 作詞作曲

あなたたちは 生まれようとして 生まれてきたのではなく
偶然この世に生命を授かったのです
みんな同じように―

約46億年前に地球は誕生し（これも偶然に）
長い時間をかけて今のような青く美しい星となって
輝いている地球。この地球も全球凍結・灼熱の
時をくぐり抜け今の姿になっているのです
そういう中で地球は耐えて私たち人間も生命の
源である海で命が誕生 生きのびてきました。
このように人生は偶然の出会いで成り立っている
ように思えるのです。

そして 心からあなたに出会えて あたたかな気持ちを
感じたのです
人間は誰でも弱い時があったり 弱い心をもっている
苦しい時に くじけそうになった自分に大丈夫だよ
と声をかけてくれる存在がある。
その出会いが 私の胸に生きている
人のために生きることは人の一生を大切にすることでもあり
一生懸命生きる 自分の夢に向かって進んでいくことでも
ある。
どんなにつらい時でも 勇気をもって前に進んでいくこと
失敗を恐れず立ち向かっていく勇気をもっていること
あなたが教えてくれた
だから 今の私がいる

「自分には無理だ 今度は
勇気を出すんだ」の「あなたに
会えて…」という詩はここにこめられている

詩は言葉のもつ力があふれるほどにこもっている
ことが大切です

心をこめて上手に歌っていくと同時に
その曲と出会って何を心に感じたかを
考えましょう

金沢智恵子先生から『あなたに会えて…』に対する手書きのメッセージをいただきました。こんなにも深く意味のある想いをつづっていただいたことに感動して，家とそして学校の音楽室にも飾っています。生徒たちが立ち止まり，そのメッセージを読んでいます。言葉のもつ力や大切さを日々感じています。

人との出会いから始まり きらきらな日々

Tomoko Yamazaki Original Songs Vol.2

あなたに会えて…

山崎朋子 作詞・作曲

奇跡のように　生まれてきた私
奇跡のように　生まれてきたあなた
長い時を越えて　蒼《あお》く光る地球
歩いてきた道の途中　たくさんの出会いの中で
あなたが教えてくれた　あきらめない強い気持ち
あなたに会えてよかった　だから今の私がいる

弱く小さな心　もがき苦しむときも
大丈夫、とやさしい声　心の中に響いてる
あなたが教えてくれた　頑張れば歩いていける
あなたに会えてよかった　だから今の私がいる

一生懸命生きる　どんなにつらいときだって
あなたが教えてくれた　勇気を持って生きること
勇気を持って生きること…

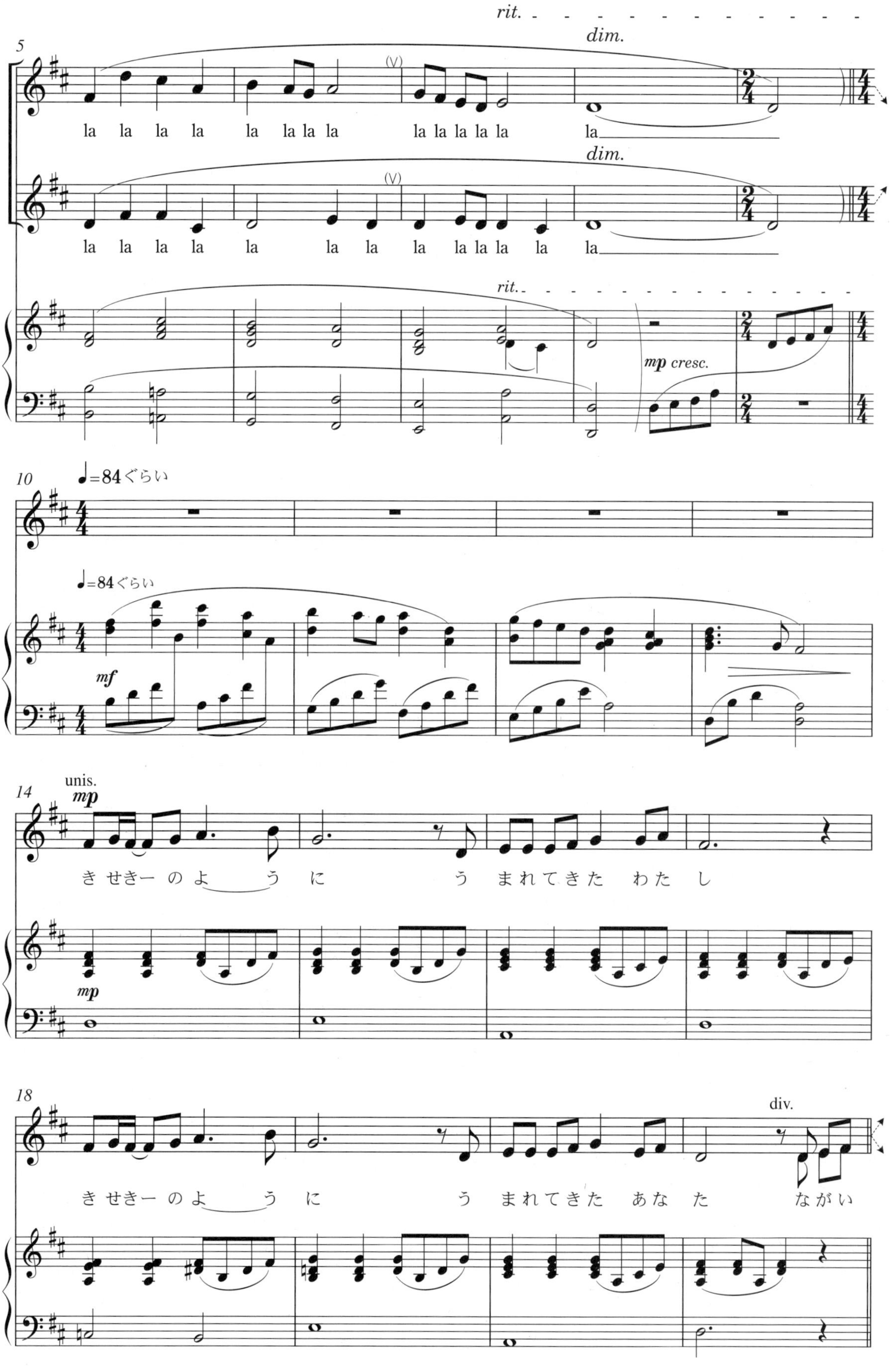
rit.
5
dim.
la la la la la la la la la la la la la
(V)
dim.
la la la la la la la la la la la la la
rit.
mp cresc.
10
♩=84ぐらい
mf
14
unis.
mp
きせきーのよ う に う まれてきた わた し
18
div.
きせきーのよ う に う まれてきた あな た ながい

22
ときをこえて あおくひかるーちきゅう あ
ちーいさなこころ もがきくるしむときも だ
mp
26
cresc.
f
るいてきたーみちのとちゅう たくさんのであいのなかで あな
いじょうぶとーやさしいこえ こころのなかにひびいてる あな
cresc.
f
cresc.
30
たがおしえてくれた あきらめないつよいきもち あな
たがおしえてくれた がんばればあるいていける
f

34
1.
たにあえてよかーった　だから　いまのわたしがいる
1.
38
la la la la la la la la la la
la la la la la la la la
42
mp
la la la la la la la la la la la la la la よわく
mp
la la la la la la la la la la la la la

46
2.
(f)
る　いーっしょうけんめいいきる　どんな　につらいときだーっ
50
て　あなたがおしえてくれた　ゆうき　をもーっていきるこ
54
rit.
Meno mosso
mf
♩=84ぐらい
と　ゆうき　をもーっていきるこ　と
mp

Message & Advice

この曲は，私の初めてのオリジナルソング集にも載っています。私にとって特別な曲です。誰にでも人生を変えるような出会いがあります。私にとっては，ある先生との出会いが人生を変えました。新しいチャンスや人との出会いをもらい，自分のできることが広がりました。言葉では感謝しきれないほどたくさんのものをもらいました。

生命の誕生——生まれてくること自体が奇跡に近いのです。当たり前の毎日を過ごす中，ある日テレビで特集を見て，こうやって生きているということ，出会うということ，それについて考えさせられました。

アドヴァイス：歌の冒頭の部分は，「(　) 内は歌のみ，ピアノのみ，歌とピアノなどで」と書いてありますが，ぜひア カペラで歌ってみてください。ア カペラで歌ったあと，声に溶け込むようにピアノが入ってくる雰囲気が私は大好きです。テンポは，速すぎず遅すぎずぐらいがよいでしょう。

「奇跡」の「き」は強くなりすぎない程度に，言葉を立てて発音しましょう。主旋律を歌うパート，その音に寄り添うように歌うパート，それぞれがあって初めて音楽の美しさが引き立ちます。それぞれのパートがハーモニーを感じながら歌うようにしましょう。他のパートの音も聴きながら歌えるといいですね。そして，サビの部分に入る前のブレスには，特別な意味があります。ただブレスするのではなく，静かに大きく息を吸い込みましょう。フレーズをしっかりと捉え，ハーモニーを聴かせながらサビの部分を歌えるようにパート練習を行いましょう。

歌い終わったあとも，ピアノの後奏までが一続きの音楽です。その場の空気にピアノの音が溶け込んで，静かに曲が終わると同時に，皆さんの心に感動が残るとうれしく思います。

きらきら

山崎朋子 作詞・作曲

はしゃぐ声がこだまする　青い空と緑の大地
優しく包んでくれた　朝の光

人見知りもしたけど　すぐに友だちだね
さっき出会ったばかりだけど　笑顔が見える

風はきらめき　鳥たちも歌うよ
太陽はきらきら　みんなの笑顔もきらきら

少し日に焼けた顔が　ちょっぴりたのもしく見えるよ
夏の日射《ひざ》しをあびたら　さあ　走り出そう

転んでも大丈夫　みんなの声がする
泣きべそかいた顔も　すぐに笑顔になるよ

手と手つないで　高く高く　ジャンプ！　雲を飛び越えて
地球をひとっ飛び　力いっぱいにジャンプしよう

風はきらめき　鳥たちも歌うよ
太陽はきらきら　みんなの笑顔もきらきら

ラララ

9
13
mf
はしゃぐ こ えがー こ だ ま す る ー あ お い そ らとー み ど り の だー い ち
す こ し ひ にやー け た か お が ー ちょーっぴ り たのー も し く み え ー る よ
mf
17
(V)
や さ し く つつーん で く れ た ー あ さ の ー ひ か り ー
な つ の ひ ざしー を あ び た ら ー さ あ は し り だ そう
21
（小音符は２回目）
ひ と み し り も し た け ど ー す ぐ に と も だ ち だ ね
こ ろ ん で も だ い じょう ぶ ー み ん な の こ え が す る

25
cresc.
さーっきであーったーばかりーだけど　えがおーがみえる
なきべそかいたーかおもーすぐに　えがおーになるよ
cresc.
29
1.
f
かぜは　きらめきー　とりたちもーうたうよー　ラーラララ
1.
f
33
ラララー　たいようーは　きーらきらー　みんなのーえがお
37
も　きらきらー
mf

41
45
2.
f
て と て つないでー た かくたかーく
49
ジャンプ! くーもをと びこえてー ちきゅうをーひ と ーーっとびー
53
ちからいーーっぱいに ジャンープしようー かぜは
D.S.

Coda
57
f
ー
ラ　ラー　ラ　ララララー
(V)
Coda
f
61
ラ　ラー　ラ　ララララー　ラ　ラー　ラ　ララララー
(V)
65
ラ　ラー　ラ　ララララー
mf
69
rit.
mp
p

Message & Advice

初めて会った友達とキャンプに行き，広い野原で走り回り，一緒にご飯を作る。転んだり，笑ったり，泣いたり。気付いたらすっかり仲よし。そんな屈託のない笑顔あふれる様子を想像しながら曲をつくりました。ほぼユニゾンで，ハーモニーのところもとても簡単です。メロディーを楽しく歌ってくれたらうれしいと思って，小学生にと書いたつもりが，中学校の部活の子たちが思った以上に気に入ってくれて，替え歌もつくっていました。前奏と後奏は，そんな一日の始まりのうきうきした気分と疲れて眠ってしまう一日の終わりを表しています。楽しく笑顔で歌ってください。

アドヴァイス：伴奏はやや難しいですが，ノリよくテンポよく弾いてください。5小節目からはスタッカートぎみに明るく跳ねるように。歌のタイが付いたリズムは，歌ってみると自然でそれほど難しくありません。18小節目の「さあ」は「さあ！！」のイメージで。サビと最後の「ラララ」は「ランランラン」で元気に歌いましょう。

Tomoko Yamazaki Original Songs Vol.2

君がヒーロー

山崎朋子 作詞・作曲

誰よりも強くて　誰にも負けない
運動会はいつでも　リレーの選手
隣の女の子に　とってもやさしい
サッカーがうまくて　人気者

ぼくにとってのヒーロー　君がヒーロー
いつか　ぼくも君みたいに強くなる
かっこいいな　ヒーロー

ある時　ぼくは気づいた　何か違うんだ
足もまあまあ速いし　サッカーもできる
だけど女の子には　いつも怒られ
「ごめんね」をたくさん言う　情けない

いつか　ぼくもヒーロー　なれるのかな
君が　とてもキラキラ眩《まぶ》しすぎて　落ち込んでる

きのう君に言われたよ
「誰にでもやさしいね」
そう言えば　ママにも言われてる
「やさしいとこが自慢だよ」

そっか　君にはなれない　ぼくはぼくさ
やさしさいっぱいのヒーロー
ぼくはなるんだ　ヒーローに

うんどうかいは いーつ でもリレーのー せ んしゅ
あしもまあまあ はやい し サッカーもー で き る
となりのおんなの こにー とって も や さ しいー
だけどおんなの こ にはー いつも お こ られー
（小音符は２回目）
サッカーが うまくてー にんきもの ぼくに
「ごめんね」を たくさんーいう なさけない いつか
ヒーロー ー ー きみが
ヒーロー ー ー なれる
div.
とーっ てー の ー ヒーロー きみが
ぼ くー も ー ヒーロー なれる

ー　ヒ　ーー　ロ　ー　ー
ー　の　かー　な　ー　ー
25
unis.
ー　ヒ　ーー　ロ　ー　ヒーロ　ー　いつか
ー　の　かー　な　ー　ヒーロ　ー　きみが
29
ー　ぼくも　き　み　み　た　い　につよく　な　ー　る　かっこ
ー　とても　キ　ラ　キ　ラ　ま　ぶしすぎ　て　ー　(ッ)　おちこ
33
1.
f
い　いなー　ヒ　ーロ　ー　ー
37
2.
mf
ん　でるー　きのうきみにい

41
われたよー
「だれにでもやさしいねー」
そういえばママ
45
にもいわーれてる「やさしいとこがじまんだよ
49
ー」
f
そっかきみにはー
なれない
div.
なれない
f
ー
ー
53
ー
なれない
unis.
ぼくはー
ぼくーさ

57
ヒ ー ー ロ
div.
ー ー やさし さいーっぱ いの ー
61
ー ー
unis.
ヒーロ ー ぼくは なるんだー ヒー ロー に
65
ー ー ぼくは なるんだー ヒー ロー に ー
f
70
p

Message & Advice

子どもの頃，みんなそれぞれに憧れるヒーローがいます。かっこいいな，ああなりたいなと思ったり，自分には無理と落ち込んだりすることも。この歌詞に共感できる人もきっといるのでは？自分のヒーローには届かなくても，必ずみんなすてきなところをもっています。それを自分自身の中に，そして自分を囲む周りの人たちの中に見つけてほしいという願いを込めました。人は他人の欠点を探すのは得意です。すぐに欠点を探したがります。でもいいところを見つけることがたくさんできる人は幸せな気持ちになれるし，優しい気持ちになれます。そんな人でありたいと私自身いつも強く願っています。

アドヴァイス：♩＝138という速いテンポでノリよく歌ってください。歌詞はしゃべるようにはっきりと。明るい発音で。サビの「ヒーロー」が掛け合いになっています。どちらもメロディーなのでどちらも主張してください。「きのう君に～」からは，やや丁寧に歌詞を歌ってイメージを大事にしてください。「やさしいとこが自慢だよ」では歌とピアノを合わせましょう。

あさがお

山崎朋子 作詞・作曲

一、負けないって　強い心で
立ち上がって進んでも
負けそうな　弱い自分に
寄りかかってしまう

悔しいって　流す涙は
たぶん　今までの自分に
さよならを言って　歩き出すためのエールなんだ

まっすぐ　空に伸びてゆく花は
こんなに暑い日差しにも　負けない強さがある

つまずいても　転んでも
涙を拭いて　目を開ければ
進む道も　広がる空も　笑っているはずさ

二、振り返ることもしないで
季節を走り抜けてきた
今　ここに見える自分は
どんな顔してるの？

もうすぐ　空に届きそうなほど
青い朝顔は　僕らをそっと見つめてるよ

がんばったよっていつか
胸をはって言えるように
強い思い　この手ににぎり　歩いていけばいい

吸い込まれそうな空は
青く　輝いているよ
風にゆれる　花は僕らを見守っているんだ

まっすぐ　空に伸びてゆく花は
僕らを　見守っているんだ

9
ないって つよいこころで たちあがーってすすんで もまけ
mp
13
そうな よわいじぶんに よりかかーって しまう くや
17
しいって ながすなみだは たぶんいままでのじぶんに さよ
かえる こともしないで きせつをはしりぬけて きたいま
mp
21
ならを いーってあるきだす ための エールなんだー
ここに みえるじぶんは(𝄽) どんな かおしてるのー

25 div. mf
まーっすぐー まーっすぐー そらにーのびてゆく は なは
もう すぐー もう すぐー そらにーとどきそう な ほど
mf
29 cresc.
こん なにー あ つ い ひ ざ し にもーま け ないーつ よ さ が あ る
あ おいー あ さ が お は ぼ くらーを そーっとーみ つ め て る よ
cresc.
33 f
つ まずーいてもころ ん でもー なみだーをふいてめ をあけれ ば
が んばーったよーって い つかー む ねをーはーってい え るーように
f
す すむーみちも
つ よいーおもい
37 unis. dim.
Uh Uh ひろがるーそらも わらーっているーはずさ ー
Uh Uh このてにーにぎり あるいていけーばいい
dim.

41
mp
D.S.
2ふり
p
D.S.
Coda
45
f
div.
ー
すいこーまれそうな そ らはー
あおくーかがやいて
Coda
f
49
かぜにーゆれる
いるよー
Uh
Uh
はなはぼーくらを
52
unis.
rit.
Meno mosso
mp
みまもーっていーるんだ ー
まーっすぐー
まーっすぐー
rit.
Meno mosso
mp

56
rit.
そ らにー の び て ゆ く　は なはー ぼ く らをー　みまもーって いるー んだ ー
rit.
60
a tempo
rit.
a tempo
8va
p
rit.
pp

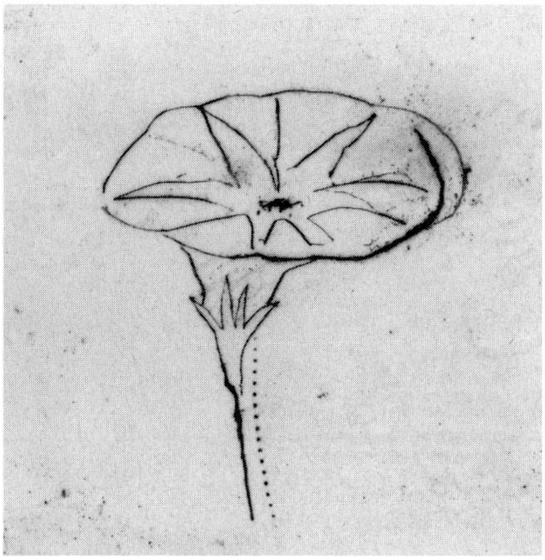

Message & Advice

夏休みに入り，３階にある教室で楽譜を書いていました。ふと外を見ると，暑い中，校庭で部活動をしています。暑い中でよくがんばるなあ，なんて思いながら，気が付くとその前年に設置されたグリーンカーテンに，何と３階まで朝顔が伸びていました。それも太陽に向かって花が開いています。青紫色のたくさんの朝顔に元気をもらった気がしました。ぜひ歌う前に詩を読んでみてください。「負けないって」という歌詞の「って」の部分の歌い方は，自然な言葉の流れを感じることが大事だと思います。

当たり前の景色の中に，ふと感動を覚えることがあります。皆さんも立ち止まって周囲を見渡してみてください。悩んでいるとき，行き詰まっているとき，きっと勇気や元気をもらえる何かがあるはず。悩むこと，泣くことは悪いことではないです。先に進むための大事な通過点だと，私はそう思っています。

アドヴァイス：最初に書いたＢメロ「まっすぐ〜」を最後にもコーダのような形で付けました。曲全体を歌う中で２回出てくる意味を感じてもらえるとうれしいです。この曲はいろいろな歌い方を試していい「ソング」なのかなと思います。在校生から卒業生へ，贈る曲としてもよいでしょう。最初はユニゾン。メロディーは歌いやすい音域で書いてあります。感情を内に込めていますが，こういう場面こそ感情の揺らぎを出し，大切にしたい言葉にどう色を付けるか，自分で考えてみてください。ところどころ，伴奏と歌の音が不協和音でぶつかります。不協和音であるその感覚を感じながら音楽をつくってください。最後の **Meno mosso** からは，指揮者の吸引力が大切です。

Tomoko Yamazaki Original Songs Vol.2

空を見上げて

山崎朋子 作詞・作曲

悲しいとき　空見上げて
あなたのこと思い出す

うれしいとき　空見上げて
あなたのために歌うよ

心の思い　伝えるため
いつか一緒に見た景色を
今日はひとりながめながら
あなたのために歌うよ

涙かれても　夜は続く
それでも朝はめぐってくる

ひとりじゃない　ふりかえれば
やさしいこえ　聞こえる

うれしいとき　空見上げて
あなたのために歌うよ

unis.
mp
かなしいとき そらみあげて
mp
あなたのこと おもいだす
うれしいとき そらみあげて
div.
あなたのために うたうよ

こ ころの お も い つ たえる た め いつ
な みだか れ て も よ るはつ づ く それ
おもい を 一つたえる
なみだ は 一つづくー
か いーっしょ に み た け し き を
で もあ さ は め ぐーっ て く る
Uh Uh Uh けしきを
Uh Uh Uh Uh くる
きょうは ひとり ながめながら
ひとりじゃない ふりかえれば

37
あ なた のためにうたうよ
や ーさ しいこえきこえる
mf
41
45
D.S.
Coda
49
うれし いとき そらみあ げて
Coda

53
cresc.
f
あ なた のため に うたう よ
cresc.
f
cresc.
f
mf
57
mp
dim.
pp

Message

平成 26 年度全日本音楽教育研究会全国大会東京大会のために書き下ろしたものです。原曲は混声三部合唱ですが，この曲集のために同声二部合唱に編曲しました。

テーマは「いのち」です。地球上には，永遠ではないからこそ輝くものがたくさんあります。その最も輝いているのは，いのちではないでしょうか。「絶対」というものはこの世には存在しません。「今の一瞬を大切にする」気持ちをもってほしいと願い，作曲しました。分かりやすいメロディーと易しいハーモニー，歌いやすい音域で音の動きも難しくありません。丁寧に音取りをして，歌詞をよく味わいながら歌いましょう。

全国大会で中学３年生がこの曲を歌ったときに，生徒の一人（若尾拓志，平成 26 年度調布市立第七中学校卒業生）が自作のメッセージを読み上げました。これは歌詞と同様に大切なものですので，紹介します。

空を見上げて

ひとりで泣いている夜，こんなとき，いつも一緒にいてくれた「あなた」はもういない。
でも，きっとこの空の上に「あなた」がいるのだと思う。
見ることや触れることのできない「あなた」だが，心で感じることはできる。
ひとりではない。前を向こう。「あなた」に前向きな気持ちを伝えよう。

広い世界の中で

山崎朋子 作詞・作曲

広い世界の中で…

毎日が過ぎる中で　けんかをしたり　すれ違ったり
そうやって　ふたりの物語のページがふえていく
今日より明日《あした》　明日よりあさって
今日より未来が　わかりあえるって信じてる
だから

わかりあえない時は　話もするけど　いちばんそばにいよう
そして　手をつないでいよう
きっと気持ちは伝わる　わかりあえるから

人の人生ってものは　必ず誰にも終わりがくる
そうやって　ふたりの物語は終わりを告げるから

今日より明日　明日よりあさって
今日より未来を　共に生きていきたいよ
だから

わかちあっていたいんだ　涙も笑顔も　今この一瞬を
ふたり　手をにぎっていよう
きっとつらさも半分　わかちあえるから

広い世界の中は　こんな愛があふれているんだ

5
mf
9
unis. mf
まいにちが す ぎるなーかで けんかーをしたりーす れ ちがーったり
ひとのじん せ いってもーのは かならーずだれにーも お わりがくる
mf
13
そうやーって ふたりのー ものがーたりの ぺ ージがふえていくー
そうやーって ふたりのー ものがーたりは お わりをつげるからー
17
div.
あしたよりあさって
あしたよりあさって
cresc.
unis.
きょうよりあした きょうよりみーらいが わかり あえるっ
きょうよりあした きょうよりみーらいを ともに いきて
cresc.

21
f
て しん じ てる ー だ か ら わ か り あ
い き た いよ ー だ か ら わ か ち あ
25
は な し も
な み だ も
div.
え な い と き は する ー けど い ちばん ー そばに いよ ー う
っ て い た いん だ えが ー おも い まこ ー のー いっしゅん ー を
28
そ し て て を つ な い で いよー う き ーっとー き も ちは ー つ
ふ た り て を に ぎ ーっ て いよー う き ーっとー つ ら さも ー は
31
た わるー わ か り あ え る から ー
ん ぶんー わ か ち あ え る から
1.
mf

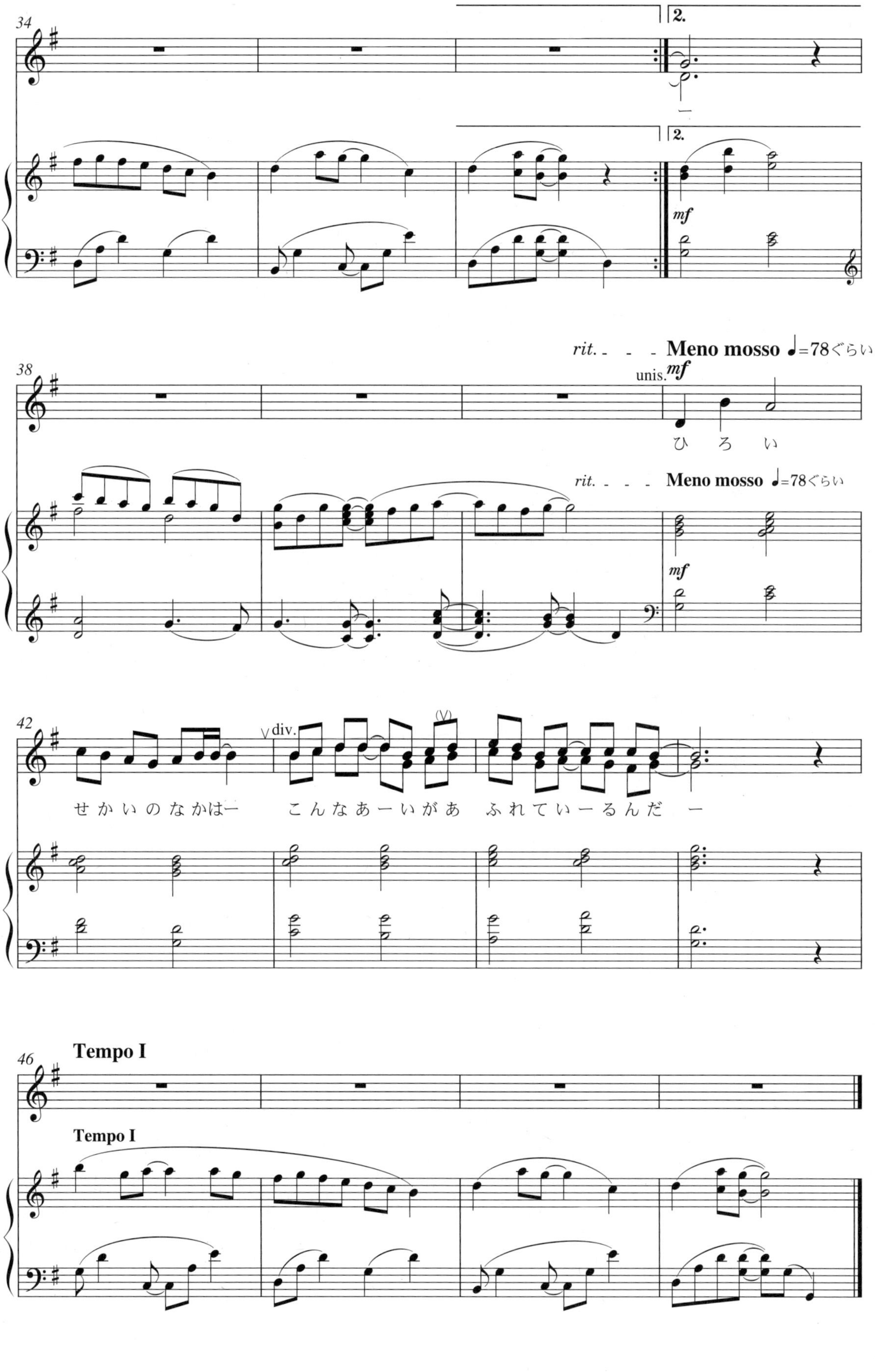
34
2.
2.
mf
rit. - - - Meno mosso ♩=78ぐらい
38
unis. mf
ひ ろ い
rit. - - - Meno mosso ♩=78ぐらい
mf
42
div.
せ か い の な か は ー
こ ん な あ ー い が あ
ふ れ て い ー る ん だ ー
46
Tempo I
Tempo I

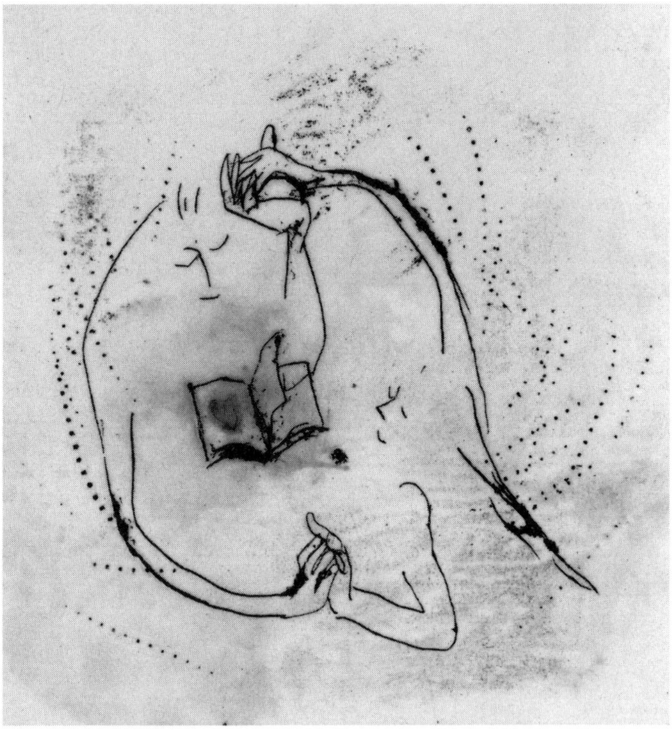

Message

この曲は小学生のために書きました。「愛」は大人が使う言葉のように思われがちですが，そんなことはありません。小学生はしっかりと分かっています。まだ子どもですが，たくさんの愛に囲まれて日々成長しています。そして大人になったときに，本当の意味での愛を理解してほしいという思いを込めました。小学生もJ-POPの曲をたくさん聴きます。そして小学生にも，好きな曲がたくさんあるでしょう。それは，人を好きになる気持ちが理解できるからです。世界がこんな愛であふれたら，きっと平和な世の中になるでしょう。そんな願いを込めて。

命

願い

山崎朋子 作詞・作曲

一、うららかな日だまりに
ゆっくりと流れる時
通り過ぎていく　季節
風も止まったよう

扉の向こうに　待っているはずの明日《あした》
自分の光を見つけるために　僕は

信じたこの道を
信じた言葉を胸に　歩きだそう　歩きだそう
僕らの行《ゆ》く先に
未来が輝くように　願い込めて　歌いたい

二、近いようでまだ遠く
果てしない道の向こう
夢にはまだ届かない
明日《あす》はまだ見えない

くり返す　さよならと出会い　風が運ぶ
呼び止めても季節巡り　そして君は

流れる時の中
夕焼けの色に染まる
遠い空は　夢の中に

涙でにじんだ瞳に映る景色に
笑っている君がいる

信じたこの道を
信じた言葉を胸に　歩きだそう　歩きだそう

僕らの歌声が
幸せ運んでいくよ
遠い空は　輝いてる
遠い空は　晴れている

5
unis. mp
1うららかなーひだまりに　ゆーっくりとーーながれるとき　と
かいようでまだとおく　はてしないーーみちの　むこう　ゆ
mp
10
div.
mf
おりすぎていくきせつ　かぜもとまーーったよう　とびら
めにはまだとどかない　あすはまだーみえない　くりか
Uh Uh Uh Uh Uh Uh Uh Uh Uh
cresc.
14
mp
のむこうにーまーっているはずのあした　じぶん
えすさよなーらとであいかぜがはこぶ　よびと
mf
cresc.
Uh Uh Uh Uh Uh Uh
18
（小音符は２番のとき）
のひかりをーみつけるためにぼくは
めてもきせーつめぐりそしてきみは

22
f
f
しんじた このみちを しんじた こと ばを むね
ながれる とき のなか ゆうやけ の い ろに そま
26
に あるき だ そう あるきだそう
る とおい そ らは ゆめのなか に
30
ぼくらの ゆ く さきに みらいが か が やく よう
なみだで に じ ーんだ ひとみに う つ るけ しき
34
unis.
1.
に ねがい こ めて うたい た い
に わらーっ て いる きみが い
1.

38
mp
42
mp
2.
2ち る
47
mf
しんじた この みちを
52
cresc.
しんじた こと ばを むね に あるき だ そう

56
div.
あるきだそう
ぼくらの うたごえが
60
しあわせ はこ んで いくよ
unis.
とおい そ らは
64
poco rit.
Meno mosso
かがやいてる
とおい そ らは
はれてい
poco rit.
Meno mosso
69
る
dim.

シンガポールチャンギ校

Message & Advice

2017年夏，シンガポールのチャンギ校に合唱指導に行きました。初めて訪れるシンガポールは予想どおりに暑かったけれど，街がとてもきれいで，風が心地よかったです。

大きなビルが立ち並ぶ街から車で学校へ行くと，広がる緑の校庭。たくさんの子どもたちが走り回っていました。空の青さが日本より青い。花がたくさん咲いている。大きな花。その学校でこの「願い」を小学5，6年生が歌っていました。初めて訪れる国で自分の歌を聞き，涙が出そうになりました。

信じることの大切さを書いたこの曲。いつも曲を書くときは，自分が景色の中にいて，その景色を見ています。寒いのも暑いのも苦手な私は，春のうららかな暖かさが何より好きです。そんな暖かさの中で，信じることについて考え，歌詞とメロディーを同時に書きました。2012年につくった曲がいつまでも歌われていることに幸せを感じています。

アドヴァイス：シンプルで分かりやすいメロディーです。14小節目からのオブリガートは気持ちよく歌える音域にしてあります。全員でメロディーを歌う19小節目からは，歌詞の内容をしっかりと伝えるように歌い，***cresc.***しながらサビへもっていきましょう。大きなフレーズを感じながら歌ってください。65小節目からの***rit.***は遅くなりすぎないように自然な流れを心がけましょう。

種

悠道 作詞／山崎朋子 作曲

春を迎える小さな花

風に吹かれて種がとび　そこから生まれた命
花をつかんだ蜂が運ぶ　小さな命
小さな命の繋《つな》がりが　やがて大きな幸せになる

いま　僕らの命も地球の中の小さな命だから
はかなくて弱いけど　精一杯踏ん張っている姿がすてきだよ

ずっと紡いできたものを　この眼《め》で見つめていたい
どこにもいかないように　握る手を離さない
あなたを守る　たくさんの愛を忘れないで

いま　あなたの命は私の中の大きな命だから
悲しくてつらくても　笑えるようにがんばってみる姿がすてきだよ

いま　僕らの命も地球の中の小さな命だから
はかなくて弱いけど　精一杯踏ん張っている姿がすてきだよ
生まれたたくさんの命の繋がりが　明日《あした》を創る
小さな種から育つのは　幸せでした

（作曲に際し、歌詞を一部変更しています。）

5
♩=84ぐらい
mp
かぜ
♩=84ぐらい
mp
9
にふかれてたねがとびー　そこからうまれたいのち　はな
mp
13
をつかんだはちがはこぶ　ちいさないのち
ちいさないのちが
17
div.
mp
cresc.
mf
ちいさなーいのちのーつながりが　やがておおきなしあわせになる
mf
cresc.

ー　*いまぼくらのいのちもー　ちきゅうーのなかのー　ちい
いまあなたのいのちはー　わたしーのなかのー　おお
さないのち　はかなくて　よわいけど　せい いーっぱいー　ふん
きないのち　かなしくて　つらくても　わらえるようにー　がん
ばーって いるー　ー　すてきだ　よ　ー
ばーって みるー
1. 3.
(3. のみ rit.)

38
unis. mp
ずーっと つむいでき
mp
42
たものをー このめで みつめて いたい どこにも いかないよ
46
あなたを
div. mp
mf
うににぎる てをはなさない
あなたーをまもるーた
mf
50
まもーる
cresc.
くさんの あいを わすれないでー
2.
ー（＊へ）
D.S.
cresc.
2.
D.S.

Coda
♩=76ぐらい（メロディーをユニゾンで歌ってもよい）
うまれーたたくさん　のいのちの　つながーりが　あし　たをつくる
mp
p
Uh
Uh
Coda
♩=76ぐらい
mp
rit.
ちいさーなたねかーら　そだつのは　しあわせ　でした
rit.
a tempo
a tempo
mp
dim.
p

作詞者の悠道さん

第 100 回全国高等学校野球選手権記念大会 東・西東京大会開会式で，「栄冠は君に輝く」（夏の全国高等学校野球選手権大会歌）を独唱する悠道さん

明治神宮野球場

Message & Advice

種。命のこと。小さな種はいつか花を咲かせる。そして花は枯れて，時が経ち，また新たな花を咲かせる。命が育つことは喜びです。きっと大人になり，自分が親になる年齢になったら，心からその意味が分かるでしょう。本当にすてきな歌詞に出会いました。14 歳の中学生男子が感じる，命について書かれた歌詞。大人も子どもも命の大切さを思う気持ちは同じ。中でも「春を迎える小さな花」は物語の最初だと感じました。人の一生を物語にした曲です。そして「小さな種から育つのは　幸せでした」という最後の歌詞から，人が生きる目的や喜びを感じることができます。大きなフレーズで，メロディーラインだけでもすべてが伝わるようにつくりました。

アドヴァイス：この曲は何よりも歌詞が大切です。冒頭のユニゾンでは，全員が音高をそろえて歌うことでしっかりと歌詞を聴く人に伝えられるようにしましょう。また，歌詞の内容を自分自身で十分に感じ取って歌ってください。強弱やフレーズは自然に，そして「幸せ」という言葉を大切に歌いましょう。22 小節目からのサビの部分では，大きな流れの中で言葉がしっかりと伝わるよう強弱を工夫して歌ってください。

まるい地球

山崎朋子 作詞・作曲

まるい地球の上で　ぼくらは踊りながら　生きている
まるい地球の上で　ぼくらは歌いながら　生きている

毎日が過ぎていく空は　色鮮やかに染められていく
今日の風は　青いけれど
明日《あした》の風は　何色だろう

いつまでも　このあたりまえの幸せが　続いてほしい
いつまでも　この幸せを感じながら　生きていくんだ

蒼《あお》い地球の上に　小さな命たちが　あふれている
蒼い地球の上に　小さな命たちが　生きている

明日へ続いている空は　未来へ命をはこんでいく
太陽の光の下で
ぼくらの願い　つながっていく

いつの日か　この地球の上に　ふりそそぐ光集めて
宇宙の果てを照らしたい　輝いている　未来がある

いつまでも　このあたりまえの幸せが　続いてほしい
いつまでも　この幸せを感じながら　生きていくんだ
感じながら　生きていきたい

9
unis. *mf*
まるいちきゅうのうえで
あおいちきゅうのうえに
13
（小音符は２回目のとき）
ーぼくらはおどりながらいきてい
ーちいさないのちたちがあふれてい
17
る　まるいちきゅうのうえで
る　あおいちきゅうのうえに
21
ーぼくらはうたいながらいきてい
ーちいさないのちたちがいきてい

25
る ー
る ー
mf
る ー ま い に ち が す ぎ て い く そ ら
る ー あ し た へ つ づ い て い る そ ら
mf
29
そ ら い ろ あ ざ や か に そ め ら れ て い
そ ら み ら い へ い の ち を は こ ん で い
は ー い ろ あ ざ や か に そ め ら れ て い
は ー み ら い へ い の ち を は こ ん で い
33
く ー きょ う の か ぜ は あ お い け れ
く ー た い よ う の ひ か り の し た
く ー きょ う の か ぜ は あ お い け れ
く ー た い よ う の ひ か り の し た

37
cresc.
どあしたのかぜはなにいろだろ
でぼくらのねがいつながーってい
cresc.
どあしたのかぜはなにいろだろ
でぼくらのねがいつながーってい
cresc.
41
f
う
く
＊いつまでもこ
いつのひかこ
f
う
く
f
45
のーあたりまえのーしあわせ
のーちきゅうのうえにーふりそそ

49
が つ づ い て ほ し い ー い つ ま で も こ
ぐ ひ か り あ つ め て ー う ちゅ う の は て
53
(V)
の ー し あ わ せ を か ん じ な が ら い
を ー て ら し た い か が や い て い る
(V)
57
1.
き て い く ん だ ー
み ら い が あ
1.
mf

61
65
2.
る
69
ー(*へ)
D.S.
Coda
rit.
(V)
だ かん じながら い きていき

Message & Advice

踊りながら生きている人，歌いながら生きている人。人はさまざまな生き方で人生を送ります。この曲にはそんな当たり前の毎日を大切にしながら，この地球で幸せに生きているんだ，というメッセージを込めました。

アドヴァイス：8分の6拍子のリズムを体全体で感じて，決して硬い声にならないようにしましょう。1小節で1つの円を描くように指揮をして，それに合わせて踊るような気持ちで歌ってください。言葉のアクセントが6拍目に入っていることが多いのですが，1拍目を感じることが大切です。アクセントや言葉のニュアンスを大事にしましょう。38小節目からは長いクレシェンドを感じながら，サビの部分につなげていきます。70小節目から ***rit.*** し，74小節目でもとのテンポに戻ります。最後の ***rit.*** は遅くなりすぎないようにしましょう。

空は今

山崎朋子 作詞・作曲

空は今　何色ですか
あの日と同じように
空は今　青いですか
はてなく　透きとおるように

風の中で　時は流れ
時代が流れてゆく
その中で　生まれた私たちにできること
新しい時代に　命をつないでいくこと

※
ここで生きているんだ
ここで生きていくんだ
希望が　明日《あした》を照らしている　今

明けない夜　やまない雨
そんな日もあるけれど
いつの日か陽《ひ》は射《さ》す　地球は生きているから
新しい明日を　未来と呼べる日はくるよ

ここで生きているんだ
ここで生きていくんだ
太陽《ひかり》が　地球を照らしている

※繰り返し

空は今　何色ですか
あの日と同じように
空は今　青いですか
はてなく　透きとおるように

9
div.
unis.
まあおいですか はてなくすきとおるように
13
mp
17
mp
かぜのなかでー ときはながれー じだいがながれてゆくー
あけないよるー やまないあめー そんなひもあるけれどー
21
div.
cresc.
そのなかでー うまれた わたしたーちにできること ー あ
いつのひかー ひはさす ちきゅうはーいきているから ー あ

たらしい じだい にいのち をつないで いくことー
たらしい あした をみらい とよべるひ はくるよー
cresc.
f
ここで いきているんだー ここで いきていくんだー
ここで いきているんだー ここで いきていくんだー
1.
きぼうが あしたを てらしてー いるー いま
ひかりが ちきゅうを てらしてー いる
きぼうが あしたを てらしてー いるー いま
ひかりが ちきゅうを てらしてー いる

ー　こ　こ　で　い き て い る んだー　こ　こ　で
ー　ここで　い き て い る んだー　ここで
い き て い く んだー　き　ぼ　う　が　あ　し　た　を　て ら し て ー　い る
い き て い く んだー　き　ぼ　う　が　あ　し　た　を　て ら し て ー　い る
ー　い　ま　そ　ら あ の ひ　と　お な じ よ う
ー　そ ら は い　ま　な に い ろ で　す か　あ の ひ　と　お な じ よ う

50
rit.
に　いま　あおいですか　はてなくすきとおるよう
に　そらはいま　あおいですか　そらはてなくすきとおるよう
rit.
54
♩=88ぐらい
rit.
に
に
♩=88ぐらい
8va
rit.
dim.
p
pp

大浦天主堂

Message & Advice

緑あって，長崎の先生方と出会いました。この曲は長崎のために書いた曲です。原爆投下から 70 年余り。忘れたくても忘れてはいけないことがあります。空が曇り，暗くて何も見えない闇。一瞬にして奪い取られた命，幸せ。人としてやってはいけないこと。そのことをつづった歌や詩は多くありますが，この曲は「希望」をテーマにしました。必ず晴れる日がくる。希望をもって未来を切り拓く勇気と力。それをもっているのが人間です。長崎に行き，浦上天主堂を訪れ，公園を訪れ，街を歩きました。鐘の音がずっと聞こえている気持ちになりました。サビの「ここで生きているんだ」の「ここで」のリズムは，私の中では鐘の音です。2015 年に被爆 70 年・平和祈年講演，コンサートに生徒とともに参加しました。200 人の小中高の子どもたちと一緒にこの歌を歌いました。

アドヴァイス：二部形式の曲。最初の「空は今～」は A メロでも B メロでもなく「希望のメロディー」です。未来への希望を歌いました。メロディーは至ってシンプルです。サビでは，「ここで～」の部分を追いかける形になっています。46 小節目からはアルトが最初の「空は今～」を繰り返します。ソプラノも 1 つのメロディーです。どちらもメロディーなので，それぞれ主張してください。前奏，間奏，後奏にはすべて鐘の音が流れています。ピアノはただの伴奏ではなく，曲を色付けする大切な音であることを意識して曲づくりをしてほしいと思います。

別れ・出会い

大切なもの ―卒業式バージョン―

山崎朋子 作詞・作曲

一、空にひかる星を　君とかぞえた夜
あの日も　今日のような風が吹いていた
あれから　いくつもの季節こえて　時を過ごし
それでも　あの想《おも》いを　ずっと忘れることはない
大切なものに　気づかないぼくがいた
今　胸の中にある　あたたかい　この気持ち

二、くじけそうな時は　涙をこらえて
あの日　歌っていた歌を思い出す
がんばれ　負けないで　そんな声が聞こえてくる
ほんとに　強い気持ち　やさしさを教えてくれた
いつか会えたなら　ありがとうって言いたい
遠く離れてる君に　がんばる　ぼくがいると
大切なものに　気づかないぼくがいた
ひとりきりじゃないこと　君が教えてくれた
大切なものを……

15
mf
あのひもきょうのようなー　かぜがふいていた　あ
あのひうたーってい　たー　うたをおもいだす　が
19
mf
れからー　いくつもの　きせつ　こえてー　ときを　すごしー　そ
んばれー　まけないで　そんな　こえがー　きこえ　て　くるー　ほ
あれからー　いくつもの　こえてー　ときを　すごしー
がんばれー　まけないで　こえがー　きこえ　て　くるー
23
cresc.
れでもー　あのおもいをー　ずーっと　わすれることはない　たいせ
んとにー　つよい　きもちー　やさし　さをおしえてくれた　いつか
それでもー　あのおもいー　わすれることはない
ほんとにー　つよいきもち　(𝄽)　おしえてくれた

つなものに きづかない ぼくがいた い
あえたなら ありがとう っていいた い と
まむねのなかに ある あたたかいこのきもち
おく はなれてる きみに がんばるぼくがいる

39
2.
f
とたいせつなものに きづかない ぼくがい
43
たひとりきりじゃない こと きみがおしえてくれ
47
rit.
p
pp
たたいせつなものを ー

Message & Advice

人生において何が大切なのでしょうか？ 毎日の生活の中で「これは大切だな」と思うものはたくさんあっても，その場その場で考えたり感じたりする時間はなかなかありません。大人になると失われていくものもあれば，手に入るものもあります。そんなことを考えながら書いた歌詞で，私の中では，かなり速く書き上げた曲の一つです。

「何が大切なのか」。やっぱりお金で買えないもの？ なくしたら二度と手に入らないもの？ そんなことを考えながら歌ってほしいと思います。

つくったのが５月だったこともあり，空気から感じられる季節感も歌詞に盛り込みました。五感の中で人の長期的な記憶に残ると言われている聴覚(耳で聴く)，嗅覚(匂いで感じる)も歌詞に入っています。

アドヴァイス：メロディーも歌詞も分かりやすくシンプルです。まず最初のユニゾンは歌詞を大事に。語尾を強くしすぎない，言葉のフレーズを切らない，といったことに気を付けてください。その後，ソプラノとアルトに分かれて掛け合いになります。美しいハーモニーを感じながら歌いましょう。アルトの音が正確に取れていると，美しさが際立ちます。音をつかむように声を出しましょう。押さないように気を付けましょう。

サビの部分は，歌詞が題名にもなっているとおり大切なところです。丁寧に，かつしっかりと歌詞が伝わるように ***f*** は深く，心を込めて。曲の始まりからサビに向かって大きな ***cresc.*** になっていることを意識しながら気持ちを高めていきます。コーダは自分の心に言い聞かせるように。あなたにとって大切なものは何ですか？ 自分に，友達に，先生に，家族に，問いかけながら歌詞をかみしめて歌いましょう。

Tomoko Yamazaki Original Songs Vol.2

つながる空

山崎朋子 作詞・作曲

一、春が来て　夏が来て　季節は廻《めぐ》った
通い慣れた　この道も　明日《あした》から歩かない
立ち止まり　振り返る
静かに流れる風の中に　置いてきた　たくさんの思い出

泣いて　笑って　輝くときを過ごし
希望や　出会いを　探しにいくんだ

見上げた青い空　未来の僕を見ている
太陽は照らすよ　そこに明日《あす》があるから

二、悔しくて　悲しくて　思いをぶつけた
涙さえも　流せずに　心にしまった日々
目を閉じて　思い出す
あの日の自分は　うつむいて下を向く　弱くて小さかった

いつか　僕らも　大人になっていくよ
どこかで　誰かに　支えられながら

出会えた喜びを　いつまでも忘れないよ
二度と戻らない日　色あせることはない

見上げた青い空　未来の僕を見ている
太陽は照らすよ　そこに明日《あす》があるから

9
mp
1はるがきーて　なつがきーて　きせつは　めぐ　ーったー　ー
2くやしくーて　かなしくーて　おもいを　ぶつ　けた　ー
mp
mp
13
かよいなれたー　このみちも　あしたからある　か　ないー
なみださえもー　ながせずに　こころにしまーった　ひびー
17
uh　uh uh uh
しずかに　なが　れる　ー
あのひの　じぶ　んは　ー
たちどまーり　ふりかえーる
めをとじーて　おもいだーす

21
かぜのなかにー　おいてきた　たくさんのおも　いで　ー
うつむいてーー　したをむく　よわくてちいさ　かった　ー
25
mf
cresc.
ないて　わらーって　かがやくときを　すごし　き
いつか　ぼくらも　おとなになーって　いくよ　ど
29
ぼうや　であいを　さがしに　いくんだー
こかで　だれかに　ささえられ　ながらー

33
f
み あげ た あおいーそら み らい の ぼくをーみている
で あえ た よろこーびを い つま で もわすーれないよ
37
(〔V〕は１番のとき)
1.
た いよ う はてらーすよ そこ に あすが あ る か
に どと も どらなーいひ いろ あ せるこ と
41
ら

45
decresc. (mp)
49
2.
f
はない　みあげた　あおいーそら　みらいの
53
ぼくをーみている　たいよう　はてらーすよ　そこ

56
(V)
に あすが あ る か ら
(V)
60
rit.
rit.
8va
dim.
p
8va bassa

『つながる空』が生まれた音楽室

Message & Advice

世の中には流行があります。流行は繰り返される。音楽も同じ。音符の数が多い曲が流行れば，落ち着いたしっとりした曲が流行る。コード進行も同じ。

耳が疲れてきたときに，C，F，Gのコードだけで曲が書きたくなりました。Ⅰ，Ⅳ，Ⅴの三和音でサビのメロディーの伴奏を付けてみました（結果的には多少他のコードも使いましたが）。そんなふうに曲を書いていたときにつくった曲が『つながる空』。卒業がテーマのようだが，卒業式を意識して書いたわけではなく，いつでも歌える曲を書きたかった。C dur にもこだわりました。シンプルな音にシンプルなメロディー。でもなぜか自分で教えていても歌っていてもこの曲を聴いているとなぜか切ない。別れの曲，ではなく，出会いの曲。そう思って書いた曲です。

アドヴァイス：メロディーは分かりやすく，音取りもしやすい曲です。でも息つぎをどこでしようか，フレーズをどうつくろうか，考え始めると難しいところがたくさんあります。17，18 小節目は音がぶつかって不協和音になりますが，その美しさを感じてみてください。25 小節目からのアルトは音楽をつくるうえでとても大切な旋律です。サビの部分では6度という和音のハーモニーを感じながら歌いましょう。教え子の結婚式にこの曲を演奏したぐらい，私自身大好きな曲です。

Tomoko Yamazaki Original Songs Vol.2

さよならの前に

山崎朋子 作詞・作曲

伸ばした手は　何も触れない
宙をつかむ　からっぽの掌《てのひら》

何も言えずに　不器用なままで　閉ざしていた心に

「生きていればいい」
あなたの言葉が　生きる意味を　私に僕にくれた

桜は舞い　風が色づく
別れの時　頬つたう涙

いつか言おうと　本当の気持ち　あなたに伝えたい

いつもありがとう
言えずにいたけど　つらい時も支えてくれた

流れる季節に　思いを歌おう
明日《あした》へ　踏み出す勇気にしよう　声をあげて

生きていこう　今ここから未来へ
見守っていて　私は僕は生きる

「生きていればいい」
あなたの言葉が　生きる意味を　私に僕にくれた

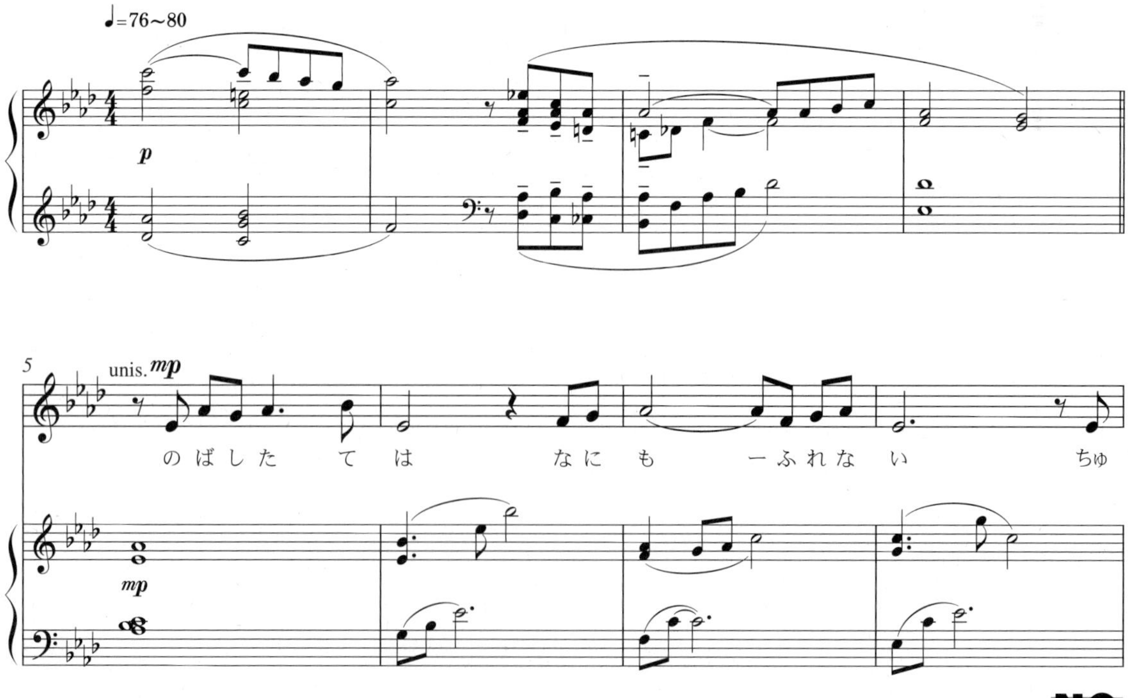

9
div.
mf
うをつかむ　から　ーっぽのーてのひら　ー　なに
13
Hum.
mf
もーいえずに　なにもーいえずに　ぶきよ
かーいおうと　いつかーいおうと　ほんと
cresc.
17
1.
rit.
f
うなまーまで　とざしーていた　こころにー　ー　ー「いき
うのきーもち
21
a tempo
ていればいい」　あなたのことばが　ーいき

25
わたしに くれた
るいみを ぼくにくれた
29
mf
33
dim.
37
unis. mp
さくらは まい かぜが ーいろづく わ
mp

div.
かれのときほほーつたーうなみだーいつ
2.
rit.
a tempo
あなたにつたえたいーーいつもありがとういえず
unis.
にいたけどーつらいときもささえ
てくれたながれるきせつに

58
div.
おもいを うたおうー あしたへ ふみだす ゆ
しよう ー ー ー
62
うきにー しよう こえをあげてー ーいき
66
ていこう いま ここから みらい へ ーみま
ていればいい」 あなたの ことばが ーいき
1.
わたしは いきる
わたし
70
もーって いて ぼくはいきる 「いき
る いみ を
1.

Message & Advice

人生にはたくさんのすばらしい出会いがあります。３年前に出会った中学２年生。転勤で知り合いました。途中から教えるという難しさ。これはきっと先生方はみんな感じることでしょう。2000年ミレニアムベイビーの次の年に生まれた子どもたち。その子たちを２年間担任しました。大変なこともたくさんありましたが，本当に楽しく忘れられない思い出ばかりです。その学年ごとにカラーがあります。２年間担任した学年は，たくさんのことができて，すてきなものをもっているのに出せずにいたように見えました。日々の生活の中で何かをつかもうと必死にがんばっている子どもたちがたくさんいました。そして「生きていればいい」その言葉を大切にしている先生もいました。「歌」ですべての気持ちを表せればと思い，つくった曲です。

アドヴァイス：切ない歌詞の部分やメロディーもありますが，決して暗い曲ではありません。大切な想いをつづった曲です。13小節目からのソプラノのオブリガートは曲全体を包むような優しい声で歌いましょう。サビの「生きていればいい」は，とても大切なメッセージです。*f* の記号が付いていますが，丁寧な *f* で歌ってください。アルトの24小節目の３拍目（ラ）は，シ♭からの流れを大事に。51小節目からは明るい声で歌い上げていきましょう。音楽性を何よりも大切にして音楽づくりをしてほしい曲です。

Tomoko Yamazaki Original Songs Vol.2

あなたに届けよう

山崎朋子 作詞・作曲

花の咲く　晴れた日でも　どこかで泣いてる人がいる
雨が降る冷たい夜に　寄り添っている　ふたりがいる

そんな数えきれないほどの　愛とか別れとか
この地球の上には　物語がある

※
名も知らない　花になろう
行き先ない　風になろう
誰かに　この歌を届けたい
幸せがあふれる　世界に…

果てしない空のむこう　そこには何があるのだろう
空の下　そこにもきっと　たくさんの物語がある

ひとりひとりが生きていく世界は違うけど
まだ見えない未来に　出会いが待ってる

名も知らない　花になろう
行き先ない　風になろう
誰かに　この歌を届けたい
遠く離れている　あなたに…

※繰り返し

9
はれたひでも どこ ーかでー ないー てるひ と がいるー あめがー ふる つ
そらのむこう そこ ーにはー なにー がある の だろうー そらのー した そ
13
mf
div.
めたいよるに より そーってー いるー ふたり が いるー そんな ー かぞえきれな
こにもきーっと たく さんのー ものー がたり が あるー ひとり ー ひとりがいき
mf
17
い ほどのー あ いとかー わかれとか ー こ の ちきゅーうのう
て ーいくー せ かいはー ちがうけど ー ま だ みえーないみ
21
cresc.
f
え には もの ーがたりが あ る ー ー なもし
ら いに であ ーいがまーっ て る ー ー
cresc.

25
f
らないーはなになろ う　いきさ　きないーかぜになろ う　だれか
29
にこのーうたをとどけたい
しあわせがーあふれるー　せかい
とおくはなーれているー　あなた
33
1.
に
mf
37
unis. mp
は
2.
に
f
なもし
dim.

41
らないーはなになろう
いきさ きないーかぜになろう
だれか
f
45
にこのーうたをとど け た い
しあ わせがーあふれるー
せ か い
49
rit.
に
rit.
dim.
8va

私に元気をくれて，
曲を書く気持ちをいつもくれる合唱部

2010 年 4 月に結成された調布市立第三，第五，第七，神代中学校卒業のメンバーから広がった仲間を中心に構成される混声合唱団七福神

Message & Advice

2017 年の春，窓から見える景色をしばらく眺めていました。風が吹くと木々が揺れ，そこに咲く花がある。その景色の中にそれぞれの人の生活があり，物語がある。生きている人の数だけ物語があるんだなあと思いながらこの歌詞を書きました。自分自身の物語を振り返りながら歌ってくれるとうれしいです。もしかすると大人のほうが共感できるかもしれません。子どもたちも大人になったらもっと深く理解してくれるでしょう。「遠く離れているあなた」や，歌を届けたい人を思いながら歌ってみてください。

アドヴァイス：最初はユニゾンで始まります。16 小節目から 2 つのパートが 3 度でハーモニーを奏でます。メロディーラインを聴きながら，ハーモニーをつくってください。

ひらり、

山崎朋子 作詞・作曲

涙流したり　怒ったり　いろんなことがあったよね
いつかこの場所で会えるかな　この仲間と笑いながら

遠く遠く離れてしまう　思い出も
これから進む道も　ひとりひとり違うけど
忘れないで　この瞬間《とき》を

ひらり、ひらり、舞う花びらは　空を風を染めていく
ひらり、ひらり、流れていく今日は輝いている

僕らも大人になったら　思い出話するんだろう
夕暮れの帰り道　語った夢は叶えられているかな

きっと　つらく険しい道を歩く日も訪れるだろう
越えて越えて　自分に負けない強さをもつ　この心に

いつか　いつか　たどりつく場所　空も風も輝いて
そこに見える景色の中にある　それぞれの未来

ひらり、ひらり、舞う花びらは　今日を明日《あす》を染めていく
ひらり、ひらり、さくらの中を　今歩き出す

ひらり、ひらり、舞う花びらは　春の空へ
ひらひらと…

8
たよねー いつか このばしょでー あえるかなーこ
んだろうー ゆうぐれのかえりみちー (𝄾)かたーったーゆ
11
のなかまと わらいながらー とおく とおく はなれてしまうー おも
めはかなえられ ているかなー きーっと つらく けわしいみちをー ある
15
いでもー これからすすむ みちも ひとり ひと
くひもー おとずれるだろう こえて こえて じぶ
18
りちがうけど わすれないでー このときをー ひら
んにまけない つよさをもつー このこころに いつ
div.
f

21
り ひらり まう はなびらはー そらを かぜを そめていくー ひら
か いつか たど りつくばしょー そらも かぜも か がやいてー そこ
そらを かぜをそ めていくー
そらも かぜもか がやいてー
25
1.
り ひらり なが れていくきょうはー かがやいーている ー
に みえる けし きのなかにあるー それぞれーのみら
1.
29
2.
dim. - mf
い ひら
dim. - mf
2.
dim. - - - -

33
f
り ひ ら り ま う は な び ら は ー き ょ う を あ す を そ め て い く ー ひ ら
f
mf
37
rit.
り ひ ら り さ く ら の な か を い ま ー あ る き だ す
mf
ひ ら
rit.
f
41
meno mosso ♩=78ぐらい
mf
f
3
a tempo
ひ ら ひ ら と は な び ら は ー は る の そ ら へ
f
3
り ひ ら り ま う は な び ら は ー は る の そ ら へ
meno mosso ♩=78ぐらい
a tempo
f
mf

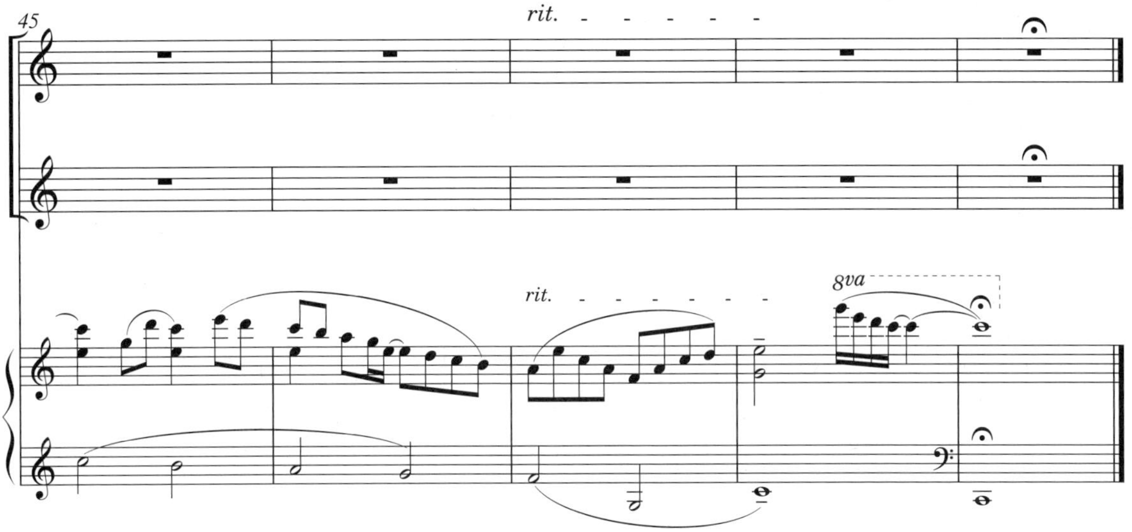

Message & Advice

2018 年の春に書きました。卒業の時期が迫ってくると，思い出と寂しさが入り交じったようなとても微妙な気持ちになります。少し冷たい春の風が吹き始めると，なぜか曲が書きたくなるのです。毎年咲いては散っていく桜の花がひらり，ひらり，と舞っている景色は切ない。でもそこには必ず学校で過ごしてきた思い出が詰まっている。人は別れを経験することで成長していく。その別れの切なさを感じながら書いた曲です。

アドヴァイス：16 分音符が多く，リズミカルに感じるかもしれません。しかし，跳ねてノリよく歌うのは，イメージとはやや違います。切ない中にも希望がある。そんな気持ちを音楽にも生かして，暗くならず明るい声で。冒頭の「涙流したり」の「し」は無声音で，決して有声で歌わないようにしましょう。サビのアルトの音は，音楽をつくるうえでとても大切です。特に 23 小節目の「空を」は，しっかり主張してください。41 小節目からは景色の中にはいろいろなものが見えることを考えながら，どちらのパートもメロディーのつもりで歌いましょう。

春風の中で

山崎朋子 作詞・作曲

眩《まぶ》しい光に染まる　朝の空
新しい旅が　今はじまる
見慣れた町並み　移りゆくときを
優しい風が　そっと包んでいる

桜咲く春の日
緑萌《も》ゆる夏の日
季節は流れゆく
いつまでも　どこまでも

今あなたに伝えたい「ありがとう」
あふれてくる　すべての想《おも》い
心から　心から

今あなたに　手を振って歩き出す
伸ばした手に　小さな夢を握りしめ
明日《あした》へと続く道を
歩いていく

遠ざかる声が　風にとけていく
飲み込んだ言葉　言えずにいた
夕焼けの中に　ひとりたたずんで
あの日の歌を　口ずさんでみる

心がくじけても
あきらめないように
信じて進むこと
気づかせてくれたんだ

今あなたと　それぞれの道をいく
まだ見えない　未来に向かい
一歩ずつ　一歩ずつ

今あなたに伝えたい「ありがとう」
ここでまた　会えるその日まで
希望へと　続く道
歩いていく　この場所から
歩いていく…

9
たらしい たびが いま ーはじまる
みこんだ ことば いえ ーずにいた
13
みなれたまちなみ うつり ゆくとーきを や
ゆうやけのなかに ひとり たたずーんで あ
17
さしい かぜが そーっと つつんでいるー
のひの うたを (ᵞ)くち ずさんでみるー
mp
さく
ここ
mp

21
mp
p
さくらさくはるのひ
こころがくじけても
uh uhuh uh uh
らさくはるのひみどりもゆるなつのひきせ
ろがくじけてもあーきらめないようにしん
25
mp
cresc.
きせつはながれゆくいつまでもどこまでも
しんじてすすむこときづかせてくれたんだ
つはながれゆく
じてすすむこと
29
f
ー いまあなたにつたえたい「あり
ー いまあなたとそれぞれのみち

33
が とう」 あ ふ れてくーるすべての お もい ここ ろ から ここ
を いく まだ みえなーいみらいに む かい いーっぽ ずつ いーっ
37
ろ から いま あなた に てを ふ ーって ある
ぽ ずつ いま あなた に つたえ たい「あり
41
き だす のばしたてーにちいさな ゆ めを にぎ り しめ あし
が とう」 ここ でまたーあえるその ひ まで きぼう へと つづ

45
rit. ♩≒66
mp
mf
たへと　ー
くみち　ー
lu lu
あるいてい
このばしょか
つづくみち を ー
あるいていく ー
49
1.
Tempo I
p
く uh uh
く ー
53
2.
♩≒56
pp
ら あるいていく ー

Message & Advice

教員になってから今まで，ほぼ全部と言っていいほど，調布市で過ごしています。その調布の町にも味の素スタジアムができたり，オリンピックに向けて駅前が開発されて，なかったはずの高い建物がたくさんできています。景色は移り変わりますが，それでも変わらないものがあります。それは人と人とのつながりです。

この曲を書いている時に退職された校長先生は，先生方から「ボス」と慕われていました。頼りになる（失礼な言い方ですみません）お父さんみたいな方でした。その校長先生は「自分の後ろ姿を見ろ」とよくおっしゃいました。脱ぎ捨てた靴，閉めたドア，帰る教室。自分が過ぎたあとの景色を見て，という言葉を今でも覚えています。その方から「ありがとう」をテーマに曲を書いてほしいと言われました。この曲のテーマは，感謝。タイトルはとても悩みました。歌詞の中には出てこないこの『春風の中で』は曲の後ろ側にある景色。私にとって大事な曲の一つです。

アドヴァイス：前奏がとても大切です。風とともに桜の花びらが舞うようなイメージで弾きましょう。悲しい雰囲気にならないように明るい声で歌ってください。ユニゾン部分は歌詞を大事に。21小節目から2部に分かれていきます。ソプラノの「uh」は強くなりすぎない優しい声で。主旋律はアルトなので，それを聴きながらハーモニーをつくりましょう。30小節目の「今」はユニゾンです。意志が感じられるようにはっきり歌ってください。ここからのサビはどちらのパートも主旋律と思って歌えるようにメロディーをつくりました。曲の最後の「この場所から」と「歩いていく」は1音目をあえて変えています。未来へ進んでいけるよう，音を上げています。音をしっかり取りましょう。

夕陽

―ゆうひ―

人それぞれ過去に対しては様々な思いがある。それは生きてきた歴史があるからだ。戻りたい過去，思い出したくないこと，後悔していること。

大人になっても過去にとらわれることだってたくさんある。どんな過去を悔んだり，懐かしんだりするのか。7年前，宮城に住んでいた僕は，地震を，たくさんのことをその時に経験した。自分にとっての故郷は，その離れなくてはならなくなった土地と今住んでいる土地。2つが故郷。それぞれの人に故郷に対する思いがある。語ることはなくても心の中でずっと忘れないものがたくさんある。見えなくても，遠くても，景色も思い出も後悔も消えない。だからこそ，今を一生懸命過ごしたい。そして，この時のことを一生忘れたくない。心に刻んで生きていきたい。

演奏してくれるみなさんに少しでも寄り添っていければ嬉しく思います。故郷を思い出すふとした瞬間がこの曲の中に生まれれば幸いです。

悠道

2011年の東日本大震災から7年が経つ。人の記憶は時間とともに薄れていく。でも薄れていかない人もいる。それはそこに置き忘れてきたものがある人。そして大事な何かをなくした人。また，そのとき生まれた命。大事な人との愛をつかんだ人。そんな思いからできた歌詞に曲をつけた。曲をつけるのが大変だった。何度も涙が出て曲が書けなかった。でも悲しい曲ではない，と作者に言われた。前向きな気持ちで書いた曲です。そして，忘れないことの大切さをうったえていければと思います。

山崎朋子

夕陽《ゆうひ》

悠道 作詞／山崎朋子 作曲

知らない街なのに　いつかの思い出に見える
生まれた街が見える
会いたい　涙に染まる

昔のままのように
何度だって　誰にだって
会いたい人　忘れたくない人がたくさんいるのに

「いつもの交差点でね」って約束した日は雨の日で
揺れる傘を見送っていた
思い出になるくらい　寄り道をすればよかった

「さよなら」聞こえたかな　背中ごしにかけた言葉
最後だって知ってたなら　記憶に残るくらい話せばよかった

会いたい　雨が雪に変わった
会いたい　もう一度

行きたかった場所　見たかった景色　叶《かな》えたかった夢

知らない街なのに　いつかの思い出に見える
あの日の影が見える
追いついても　追い抜いても　振り返るのがこわくて
会いたい　あの日の夕陽に

（作曲に際し、歌詞を一部省略しています。）

9
mf
あいたい なみだに そまる
mf
mp
13
17
unis. mp
むかし
20
のままのよ う に なんど だーって だれに だーって あいた
mp

「いつも
div.
いひと わすれ たくない ひとが たくさん いるのに ー
のこうさてんでね」 ーって やくそ くしたひはあめの
Uh Uh Uh あめの
ひ で
cresc.
ひ で ゆれるかさを みおくーって い た ー
cresc.
せなか せなかにかけた
ー 「さよなら」きこえた かな ー せなか ごしに ーかけた

ことば
39
ことばさいごだってーしーってたならー あいたい ーあ
43
めがゆきにかわーった
いきたかったばしょ ー
46
みたかったけしき ー
いきたかったばしょ ー
みたかったけしき ー
49
かなえたかったゆめ ー
かなえたかったゆめ ー
ゆめー ゆ

52
め ー
56
dim.
60
cresc.
f
しらないまちなのに いつか
64
のおもいでにみえる
あのひの かげがみえる

おいついても
mf
おいぬいても ふりかえるのが ー こ わ く
mp
あいたい あいたい
f
て ー あいた いあいたい
rit. a tempo
あのひの ーゆうひ に ー
wo
あのひ の ゆ う ひ に ー
dim. mp
wo

卒業生で大学生の子どもたちがレストランライブをやるのを手伝ってほしいと言われ，キーボードを弾きました。お店にポスターを貼っていたら，ファンだと言う方や先生をされている方がいらしてくれました。
全6曲歌いました。（ギターを持っている男の子がボーカルです）その中に，『大切なもの』ソロバージョンがありました。自分でも感動するほど，胸に響く歌でした。
卒業生がこのお店でアルバイトをしていて，そしてこのお店はまた別の卒業生のご両親がやっているお店です。
人と人はつながっています。音楽は人と人をつなぎます。
音楽は本当にすてきですばらしいと感じる毎日です。

2017年3月17日
卒業式後に合唱部の子と

2017年3月17日卒業
調布市立第五中学校3年B組 我がクラス
大変なときもいつも笑顔で共に乗り越えた仲間です

レコーディングスタジオにて（長岡利香子先生，八千代少年少女合唱団）

エネルギーの源，LOVE

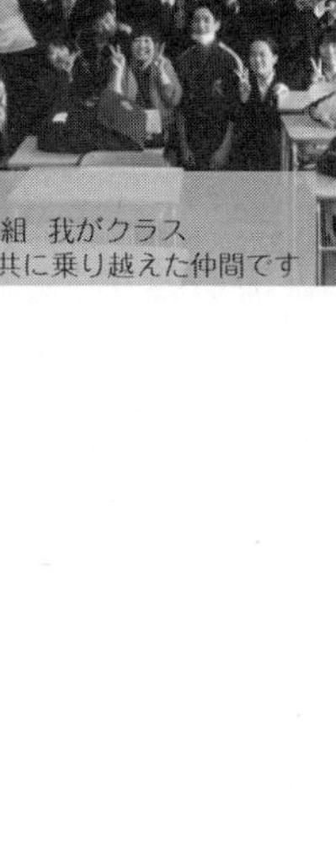

14歳になりました

卒業式の花をつけています

この曲集の CD が発売されています。

山崎朋子 Original Songs Vol.2 同声編

価格 3,080 円（本体 2,800 円＋税10%）
KGO-1167　＃63238
ISBN978-4-87788-826-8 C6873

山崎朋子 Original Songs Vol.2 同声編

2018 年　7 月 20 日　第 1 刷　発行
2024 年　5 月 30 日　第 5 刷　発行

作曲者　**山崎朋子**

発行者　**株式会社　教育芸術社**（代表者　市川かおり）
〒171-0051　東京都豊島区長崎 1-12-14
電話 03（3957）1175（代表）
03（3957）1177（販売部直通）
https://www.kyogei.co.jp/

楽譜浄書／クラフトーン
印刷／新日本印刷
製本／ヤマナカ製本

表紙・本文イラスト／押金美和
イラスト（蜜蝋版画ドローイング）／上村菜々子

JASRAC 出 1807366-405
ISBN978-4-87788-824-4 C3073